A Puerto Rican Childhood

Una infancia puertorriqueña

THIS EDITION

Editorial Management by Oriel Square
Produced for DK by WonderLab Group LLC
Jennifer Emmett, Erica Green, Kate Hale, *Founders*

Editor Maya Myers; **Photography Editor** Nicole DiMella; **Managing Editor** Rachel Houghton;
Designers Project Design Company; **Researcher** Michelle Harris;
Copy Editor Lori Merritt; **Indexer** Connie Binder; **Proofreader** Carmen Orozco;
Sensitivity Reader Ebonye Gussine Wilkins; **Spanish Translation** Isabel C. Mendoza;
Series Reading Specialist Dr. Jennifer Albro

First American Edition, 2024
Published in the United States by DK Publishing, a division of Penguin Random House LLC
1745 Broadway, 20th Floor, New York, NY 10019

A catalog record for this book is available from the Library of Congress.
HC ISBN: 978-0-7440-9493-0
PB ISBN: 978-0-7440-9492-3

DK books are available at special discounts when purchased in bulk for sales promotions, premiums, fund-raising,
or educational use. For details, contact:
DK Publishing Special Markets, 1745 Broadway, 20th Floor, New York, NY 10019
SpecialSales@dk.com

Printed and bound in China

The publisher would like to thank the following for their kind permission to reproduce their images:
a=above; c=center; b=below; l=left; r=right; t=top; b/g=background
Lillian Aberback for WonderLab Group: 18c; **Alamy Stock Photo:** Brian Overcast 30clb, PR Archive 23b, 25,
Hiram Rios 1, USFWS Photo 28b, Joel Villanueva 10–11b, Edwin Remsberg / VWPics 27bl; **Dreamstime.com:**
7826376 16–17, Arenacreative 24, Oleksandr Baranov 27br, Gabriela Bertolini 22br, Jordi Mora Igual 26, Elisa Lara
7b, 30cla, Lavizzara 30tl, Littleny 23tr, Maya Kovacheva Photography 17bc, Natalia Zakharova 8br, Jeremias Ozoa
30bl, Andrei Potorochin 11tr, Ari Purnomo 9t, Dan Rieck 7crb, Pedro Rivera 20-21, R. Gino Santa Maria /
Shutterfree, Llc 14-15b, Maxim Tatarinov 22bl, Vincent Giordano / Tritooth 18br, Warat42 11br, Dennis Van De
Water 6; **Getty Images:** Hola Images 9cl, Moment / Carlos Luis Camacho Photographs 19; **Getty Images /
iStock:** anakin13 15cr, Creatikon Studio 30cl, Juanmonino 8cla, ProArtWork 3, 6tl, 12br, 28-29c, 32cr, raksyBH 14cla;
Shutterstock.com: littlenySTOCK 4-5, Alessandro Pietri 29t, Dora Ramirez 12-13

Cover images: *Front:* **Dreamstime.com:** Basheeradesigns; **Getty Images / iStock:** DigitalVision Vectors /
JakeOlimb crb, ProArtWork bl, studiogstock cra; *Back:* **Lillian Aberback for WonderLab Group:** cra;
Shutterstock.com: PO11 clb

All other images © Dorling Kindersley
For more information see: www.dkimages.com

www.dk.com

A Puerto Rican Childhood

Una infancia puertorriqueña

Melissa H. Mwai

Contents
Contenido

Waking Up
Al levantarse

Carmen wakes up in her house in San Juan [SAN wahn]. San Juan is the capital city of Puerto Rico. Puerto Rico is an island in the Caribbean Sea.
Carmen puts on her school uniform. She is fast, like the lizard.

Carmen se despierta en su casa, en San Juan. San Juan es la capital de Puerto Rico. Puerto Rico es una isla del mar Caribe.
Carmen se pone su uniforme escolar. Es rápida, como una lagartija.

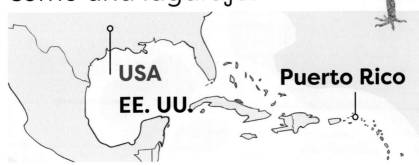

USA
EE. UU.

Puerto Rico

Family Breakfast
Desayuno en familia

Buenos días [BWEN-nos DEE-yahs]!
Abuela [ah-BWEH-lah] is

Carmen's grandma.
Carmen and her abuela
eat oatmeal. They add
cinnamon.
Papi [PAH-pee] is Carmen's
dad. He drinks a cafecito
[kah-fay-SEE-toe].

¡Buenos días!
Esta es la abuela de Carmen.
Carmen y su abuela
comen avena.
Le ponen canela.
El padre de Carmen
se toma un cafecito.
Ella lo llama "Papi".

Matteo is Carmen's brother. He eats the bananas from the trees in their yard.

Mateo es el hermano de Carmen. Él come plátanos de los árboles que tienen en el patio.

Walking to School
Caminar a la escuela

Carmen and Matteo walk to school. They spot many things. A car zips by. Its radio plays quick salsa music.

Carmen y Mateo caminan a la escuela. Ven muchas cosas. Un auto pasa muy rápido. En la radio suena animada música salsa.

Hello, iguanas. Iguanas are big lizards. Carmen picks up two palm leaves and flaps them like parrot wings.

Flap! Flap!

Hola, iguanas. Las iguanas son lagartos grandes. Carmen toma dos palmas y las agita como las alas de un loro.

¡Flap! ¡Flap!

Class Time
En clase

Carmen is in first grade. Matteo is in seventh grade. They go to the same school.

Carmen está en primer grado. Mateo está en séptimo. Van a la misma escuela.

First, Carmen has religion class.
In the chapel, the class sings in
Spanish and English. Today, there
is no math or science. Instead,
they have a field trip. Carmen
is excited!

Primero, Carmen tiene clase de
religión. En la capilla, cantan en
español e inglés. Hoy no hay
matemáticas ni ciencias. En vez
de eso, se van de excursión.
¡Carmen está emocionada!

Visiting Old San Juan
Paseo al Viejo San Juan

Carmen's class rides the guagua [GWAH-gwah] to the neighborhood of Old San Juan.

They go to a fort called El Morro. Some of it was built in 1539. That is almost 500 years ago!

La clase de Carmen va en una guagua (autobús) al barrio Viejo San Juan.

Van a un fuerte que se llama El Morro. Una parte de este se construyó en 1539. ¡Hace casi 500 años!

They see where soldiers ate
and slept.
Carmen's favorite part of the fort
is the lighthouse. This was the first
place in Puerto Rico to have one.

Ven donde comían y dormían
los soldados.
El lugar favorito
de Carmen en
el fuerte es el
faro. Fue
el primero
que se
construyó en
Puerto Rico.

Lunch and Kites
Almuerzo y cometas

They eat lunch outside at El Morro. Carmen eats a jelly sandwich. Her friend Ana shares her plantain chips. Yum!

Almuerzan al aire libre, en El Morro. Carmen se come un sándwich de mermelada. Su amiga Ana comparte con ella sus platanitos. ¡Qué rico!

Some kids fly kites called chiringas [chee-REEN-gahz]. The kites soar so high. Carmen wants a kite, too.

Unos niños elevan cometas, que en Puerto Rico se llaman chiringas. Las chiringas suben muy alto. Carmen quiere una chiringa.

plantain chips
platanitos

After School
Después de la escuela

After school, Carmen goes to art club. She draws El Morro and kites.

Después de la escuela, Carmen va a un club de arte. Dibuja El Morro y las chiringas.

Carmen plays baseball with her friends. Ana scores a run! Go, Ana!

Carmen juega béisbol con sus amigos. ¡Ana anota una carrera! ¡Dale, Ana!

Now it is time to go home. Oh no!
It is raining. Matteo runs. But
Carmen jumps in puddles.

Ya es hora de ir a casa. ¡Oh, no!
Está lloviendo. Mateo corre, pero
Carmen salta en los charcos.

Beach Time
Paseo a la playa

Later, Carmen's family goes to the beach.
Today, they visit Mar Chiquita [mahr chee-KEE-tah]. Its name means "little sea."

Más tarde, la familia de Carmen va a la playa.
Hoy van a un lugar llamado Mar Chiquita.

Carmen swims in a tide pool. The Atlantic Ocean is on the other side of the rocks. The waves are strong. Carmen swims close to her family.

Carmen nada en una poza de marea. Al otro lado de las rocas está el océano Atlántico. Las olas son fuertes. Carmen nada cerca de su familia.

Shops by the Road
Tiendas en la carretera

Time for dinner at a kiosko [key-UHS-ko]. The cook makes food over a fire outside.
Carmen eats an empanada. The dough is crunchy and filled with meat.

Es hora de cenar en un kiosko. La cocinera hace la comida en una fogata, al aire libre.
Carmen se come una empanada. La masa es crocante y está rellena de carne.

empanadas

Another kiosko has a hole in the roof. Abuela says a hurricane broke it. Oh no! ¡Ay bendito! [aye behn-DEE-toh] Papi helps cover it with a tarp.

kioskos

Otro kiosko tiene un hueco en el techo. La abuela dice que lo rompió un huracán. ¡Oh, no! ¡Ay bendito! Papi ayuda a taparlo con lona.

A Phone Call
Una llamada telefónica

Before bed, the family calls Carmen's aunt. Tía [TEE-yah] lives in New York. New York is a state on the mainland of the United States of America. Puerto Rico is a US territory.

Antes de ir a dormir, la familia llama a la tía de Carmen. La tía vive en Nueva York.
Nueva York es un estado ubicado en la parte continental de Estados Unidos. Puerto Rico es un territorio de EE. UU.

Tía will visit San Juan with people from her church. They will help fix houses that are broken by hurricanes. Carmen's family will help, too.

La tía va a ir a San Juan con gente de su iglesia. Van a ayudar a reparar casas destruidas por los huracanes. La familia de Carmen también va a ayudar.

A Blackout
Un apagón

The power shuts off. This happens a lot. There is no light. No TV or phones. No video games. Matteo uses a flashlight to make shadows.

Hay un corte de electricidad. Esto pasa con frecuencia. No hay luz. No hay televisión ni teléfonos. No hay videojuegos.
Mateo toma una linterna y juega a hacer sombras.

Abuela lights candles so she can read.
What will Carmen do?
Carmen brings Papi his drum.
Let's dance the bomba! [BUHM-bah]
¡Wepa! [WEY-pah]

La abuela prende velas para poder leer.
¿Qué hará Carmen?
Carmen le trae el tambor a Papi.
¡Vamos a bailar la bomba! ¡Wepa!

Bedtime
Hora de dormir

Carmen puts on pajamas. What's that sound? Coquí, coquí. There is a coquí [koh-KEE] frog under her bed. Carmen opens the window. She lets the frog out to go live with the others.

Carmen se pone la piyama. ¿Qué suena? Coquí, coquí. Hay una rana coquí debajo de la cama.
Carmen abre la ventana. Saca a la rana para que vaya a vivir con las otras ranas.

coquí

Carmen is tired.
Good night, coquís. Good night,
mi familia [me fah-MEEL-yah].
Good night, San Juan.

Carmen está cansada.
Buenas noches, ranas coquí.
Buenas noches, mi familia.
Buenas noches, San Juan.

Glossary
Glosario

hurricane
a storm with strong winds and heavy rain

mainland
a continent or country across the ocean from islands

tarp
a waterproof fabric covering

territory
a place that is controlled by the government of another country

tide pool
a small, protected pool at the edge of the ocean

continental
que está en un continente, una gran porción de tierra alejada de las islas

huracán
una tormenta con vientos fuertes y mucha lluvia

lona
tela impermeable que se usa para cubrir cosas

poza de marea
piscina natural pequeña que se forma en una costa

territorio
un lugar que es controlado por el gobierno de otro país

Index
Índice

Quiz
Prueba

**Answer the questions to see what you have learned.
Check your answers with an adult.**

1. What does Carmen eat for breakfast?
2. At school, what languages does Carmen sing in?
3. What is the name of the fort in Old San Juan?
4. Which ocean is next to the tide pool in
    Mar Chiquita?
5. What sounds do the frogs make in Carmen's room?

1. Oatmeal 2. English and Spanish 3. El Morro 4. Atlantic Ocean
5. *Coquí, coquí*

**Responde las preguntas para saber cuánto aprendiste.
Verifica tus respuestas con un adulto.**

1. ¿Qué come Carmen al desayuno?
2. ¿En qué idiomas canta Carmen en la escuela?
3. ¿Cómo se llama el fuerte que está en el
    Viejo San Juan?
4. ¿Qué océano está donde se forma la
    poza de marea en Mar Chiquita?
5. ¿Qué sonido hace la rana que está
    en la habitación de Carmen?

1. Avena 2. Inglés y español 3. El Morro
4. El océano Atlántico 5. *Coquí, coquí*